Bibliografische Information der Deutschen Nationalbibliothek:

Die Deutsche Bibliothek verzeichnet diese Publikation in der Deutschen National-
bibliografie; detaillierte bibliografische Daten sind im Internet über http://dnb.d-
nb.de/ abrufbar.

Impressum:

Copyright © 2009 GRIN Verlag, Open Publishing GmbH
Druck und Bindung: Books on Demand GmbH, Norderstedt Germany
ISBN: 9783640544462

Dieses Buch bei GRIN:

http://www.grin.com/de/e-book/143513/green-it-von-der-planung-bis-zur-entsorgung

Roman Schäfer

Green IT von der Planung bis zur Entsorgung

RZ-Zentralisierungen, Kombinierung und Standardisierung von IT-Geräten, Materialeffizienz-Treiber

GRIN Verlag

GRIN - Your knowledge has value

Der GRIN Verlag publiziert seit 1998 wissenschaftliche Arbeiten von Studenten, Hochschullehrern und anderen Akademikern als eBook und gedrucktes Buch. Die Verlagswebsite www.grin.com ist die ideale Plattform zur Veröffentlichung von Hausarbeiten, Abschlussarbeiten, wissenschaftlichen Aufsätzen, Dissertationen und Fachbüchern.

Besuchen Sie uns im Internet:

http://www.grin.com/

http://www.facebook.com/grincom

http://www.twitter.com/grin_com

Gliederung

Abbildungsverzeichnis

1   Einleitung

„Green IT" ist ein Thema, das heutzutage nicht mehr wegzudenken ist. Die Bestrebungen von Unternehmen „Green IT" (IT = Information Technology) in die Unternehmungsstruktur zu integrieren werden von mehreren Zielen angetrieben. Aus einer rein betriebswirtschaftlichen Sicht spielt der Kostenfaktor eine wichtige Rolle. Der ständig ansteigende Energiepreis treibt viele Unternehmen dazu, den Energieverbrauch zu drosseln. Der reduzierte Energieverbrauch führt in der Regel zur Verringerung des CO_2 - Ausstoßes. Das „Green IT" bietet mehrere Lösungen an, um bei vorhandenen Kapazitäten dieses Ziel zu erreichen. So kann beispielsweise der Energieverbrauch in den Rechenzentren durch den Einsatz innovativer Kühlsysteme reduziert werden. Die zunehmende Ressourcenknappheit bietet ein weiteres Einsatzfeld für „Green IT" an.

Mit der vorliegenden Seminararbeit wird die Absicht verfolgt, die materialeffizienten Lösungsansätze in der IT-Branche zu untersuchen. Im nächsten Kapitel werden die begrifflichen Grundlagen sowie die Ausgangsproblematik dargestellt. Das dritte Kapitel beschäftigt sich mit einigen Lösungsansätzen aus dem Rechenzentren-Bereich. Es werden hier auch einige Lösungsansätze vorgestellt, die durch eine Standardisierung von Elektrogeräten erreicht werden können. In dem nächsten Kapitel wird „Green IT" als ein Begleiter des ganzen Produktlebenszyklus dargestellt. Die Produktlebensphasen werden einzeln betrachtet, um zu zeigen, wo die materialeffizienten Lösungen eine Anwendung finden können. Anschließend werden die Ergebnisse zusammengefasst und ein kurzer Ausblick gewagt.

2   Green IT und die Problemstellung

Das Thema „Green IT" ist derzeit in aller Munde. Die Unternehmen und die Verbraucher werden unter diesem Schlagwort heiß umworben, aber was bedeutet es eigentlich? Und wie kann IT „grün" sein? Eine, gut zu dem Thema dieses Seminars passende Definition, wurde von BITKOM (Bundesverband Informationswirtschaft, Telekommunikation und neue Medien) veröffentlicht, wo Green IT folgendermaßen definiert wird:

> „Green IT ermöglicht, innerhalb der Branche und durch innovative ITK-Produkte und -Anwendungen auch in anderen Wirtschaftsbereichen den Energie- und Materialverbrauch zu senken. Der Begriff Green IT umfasst somit die Gesamtheit aller ITK-basierten Potentiale für Energie- und Ressourceneffizienz – und dies über den gesamten Lebenszyklus vom Design zur Produktion über die Nutzung bis hin zur Entsorgung. Dabei steht der Energieeinsatz bzw.

die Energieeffizienz in der Gebrauchsphase von ITK im Vordergrund aktueller Aktivitäten."
[Bitk09a]

Es geht bei der Green IT also um die Energie- und Materialeffizienz. Die vorhandenen Energie- und Materialressourcen sollen dabei intelligenter ausgenutzt werden. „Die Materialeffizienz stellt das Verhältnis der hergestellten Produkte zur Menge der eingesetzten Materialien dar."[Dyck94] Mit anderen Worten wird unter Materialeffizienz verstanden, dass ein gewünschter Nutzen mit möglichst wenig Materialeinsatz erreicht werden soll. Man steht somit vor dem Problem – wie ein optimaler Materialeffizienzgrad im Rahmen der „Green IT" erreicht werden kann. Einige Lösungsansätze zur Materialeffizienzoptimierung werden in darauffolgenden Kapiteln dargestellt.

3 Materialeffiziente Lösungsansätze

3.1 Rechenzentren-Zentralisierung

Die Rechenzentren sind ein wesentlicher Bestandteil der IT-Branche. Es ist sehr wichtig die Arbeit der Rechenzentren zu optimieren bzw. umweltfreundlicher zu gestalten, weil hier einerseits Material- und Kostenpotentiale vorhanden sind, andererseits CO2 Emissionen reduziert werden können.

Es wird für die Kühlung in den Rechenzentren mehr Energie benötigt als vom Hardware selbst verbraucht wird. Dabei geht viel an Energie verloren. Es wurden bereits einige Konzepte entwickelt, um die Energieeffizienz in den Rechenzentren zu steigern. Es gibt zum Beispiel ein entsprechendes Dichtungssystem, womit die Kabeleinlässe und Kabelführungen abgedichtet werden. Diese Methode wurde beispielsweise für Rechenzentrum der Amadeus Data Processing GmbH angewendet. [Daxt] Damit wurde erreicht, dass die Kaltluft, die in vielen Rechenzentren durch den doppelten Boden geblasen wird, nicht verlorengeht. Eine andere Lösung stellt die Ventilatorengeblasetechnik (Internal Fan Booster Technology) dar. [Sdc07] Statt durch einen doppelten Boden zu blasen, werden die Kühlanlagen direkt im Rack installiert. Die internen Ventilatoren ziehen die Heißluft von kritischer Hardware weg und leiten sie ab.

Bisher wurden erst die reinen energieeffizienten Lösungen präsentiert. Die Energieeffizienz der IT-Systeme hat aber auch eine positive Auswirkung auf Materialeffizienz. Wenn die IT-Systeme weniger Strom benötigen und gleichzeitig weniger Abwärme erzeugen, werden damit kleinere USVs (unterbrechungsfreie Spannungsversorgung) und Klimaanlagen benötigt. Die zunehmende Zahl an Daten und immer mehr ansteigende Datengrößen führen dazu, dass die Datenspeicherkapazitäten und Rechenleistungen von Rechenzentren zwangsläufig ansteigen müssen. Dies führt wiederum dazu, dass immer mehr Unternehmen sich für die Rechenzentren-Zentralisierung entscheiden. So hat zum Beispiel IBM die Zahl der Rechenzentren von 155 (1997) auf 7 (2007) verringert. [Ibm07] Auch HP (Hewlett Packard) plant die Anzahl der Rechenzentren von 85 auf 6 zu reduzieren.[Bitk09] Die Rechenzentren-Zentralisierung bedeutet natürlich nicht automatisch eine Materialeffizienzsteigerung, führt aber in der Regel zu einer Verwaltungserleichterung. So kann ein großes Server-Volumen von einer Zentralstelle verwaltet werden. Die Auslastung von Volumen-Servern wird auf 15-Prozent geschätzt. [Bitkom09] Demzufolge werden die restlichen 85-Prozent der Rechenleistung nicht ausgelastet. Die Rechenzentren-Zentralisierung erleichtert den Einsatz von solchen Lösungsansätzen zur Effizienzsteigerung wie Virtualisierung, Grid Computing, Cloud Computing und Server Based Computing. Sie erleichtert auch die Nutzung von zentraler Hardware in den Rechenzentren für diese Lösungsansätze und bringt eine materialeffiziente Hardware-Nutzung mit sich. Um diese Aussage zu verdeutlichen, kann man sich ein Rechenzentrum vorstellen, das nur zum Teil ausgelastet wird. Die aktuellen Software- und Hardwarelösungen ermöglichen einen relativ großen Auslastungsgrad bei den Servern zu erreichen. Generell bedeutet dies bei bereits vorhandenen Serverkapazitäten, dass die freien Rechenkapazitäten für andere Anwendungen bereit gestellt werden. An dieser Stelle ist es sinnvoll, die oben erwähnten Lösungsansätze näher zu betrachten.

3.1.1 Virtualisierung

Die Virtualisierung basiert auf dem Grundgedanken,

> „dass sich verschiedene Betriebssysteme gleichzeitig einen Rechner teilen und zur gleichen Zeit unterschiedliche Aufgaben auf exakt der gleichen Hardware ausführen. Hierbei sind zwei Aspekte wichtig. Virtualisierung ermöglicht zum einen den parallelen Betrieb mehrerer gleicher oder unterschiedlicher Betriebsysteme auf einem Rechner. Zum Anderen bewirkt sie die Separierung des Betriebssystems (oder der Software) von der verwendeten Hardware."[Fisch08]

Die Virtualisierung ermöglicht dem Benutzer die vorhandenen Computerressourcen zusammenzufassen oder aufzuteilen. So wird mit der Virtualisierung möglich, sich von den tatsächlich vorhandenen Ressourcen (Hardware) zu abstrahieren und auf logische Ressourcen zuzugreifen. Beispielsweise erlaubt die Virtualisierung mehrere Rechner als einen Rechner betrachten zu lassen.

3.1.2 Grid Computing

„Die Begriffe Grid bzw. Grid Technologie oder Grid Computing leiten sich vom englischen Begriff für das Stromnetz („power grid") ab, durch das jeder angeschlossene Nutzer eine „Leistung"- hier: elektrischer Strom - auf einfache Art „beziehen" kann, ohne die vollständige Infrastruktur zur Stromerzeugung und – Weiterleitung besitzen zu müssen."[BaSchü06] Anders ausgedrückt verbindet die Grid Technologie einzelne Computer und fasst die Rechenleistungen und Speicherkapazitäten zusammen. Die Grid Computing wird vor allem für sehr aufwendige Aufgaben eingesetzt, beispielweise die Analyse vom Radioteleskop zur Erforschung von außerirdischem Leben (Projekt der University of California Berkeley)[Heis07], oder die Ausrechnung von mathematischen Gleichungen.

3.1.3 Cloud Computing

Cloud Computing stellt einen weiteren IT-Lösungsansatz dar. Bei Cloud Computing werden die Software und die Hardware für Benutzer von einem Dienstleistungsanbieter zur Verfügung gestellt. Die Benutzer können auf die Anwendungen und Daten zurückgreifen, ohne diese auf den lokalen Rechner zu haben. Die Voraussetzung für die Cloud Computing ist ein leistungsfähiges Netzwerk.

3.1.4 Server Based Computing

Die SBC (Server Based Computing) stellt auch, wie die Cloud Computing, einen Lösungsansatz dar, bei dem die Anwendungen auf leistungsfähigen Servern bereitgestellt werden. Der SBC-Ansatz ermöglicht mit solchen Endgeräten, wie zum Beispiel Thin Clients zu arbeiten. Thin Clients sind „Kostengünstige Personalcomputer ohne Festplatte, Disketten- und CD-Laufwerk usw., die über einen Netzanschluss betrieben werden "[GadMa04] Die Bildschirmausgaben, die am Server entstehen, werden dort paketiert und mit Hilfe von zusätzlich installierten Softwarekomponenten über das Netzwerk den Nutzern bereitgestellt.[Wend04] Die Anwender haben somit die Möglichkeit des Zugriffs auf einen eigenen virtuellen Einzelrechner im Rechenzentrum.[Bitk09] Der SBC-Ansatz ermöglicht neben Thin Clients auch den Einsatz von älteren Endgeräten, wie ältere Personal Computers und Laptops, was die Nutzungsdauer von diesen Geräten steigert.

Die Ausnutzung von oben vorgestellten Lösungsansätzen ist natürlich auch ohne einer Rechenzentren-Zentralisierung möglich. Der Einsatz wird von einer Zentralstelle leichter zu verwirklichen sein, als bei kleineren, auf einer Großfläche verteilten Rechenzentren. Es ist natürlich auch fraglich, ob solche Alternativen, wie zum Beispiel Thin Clients, einen Personal Computer ersetzen würden. Nicht zu bezweifeln ist aber, dass diese Alternativen eine materialeffiziente und umweltschonende Lösung darstellen.

3.2 Kombinierung und Standardisierung der IT-Geräte

Im Bereich von IT-Endgeräten bietet sich ein neues Einsatzfeld an, wo man die Materialeffizienz der IT-Branche optimieren kann. Nach einer Studie vom BITKOM gibt es heutzutage alleine in Deutschland mehr als 100 Millionen Mobilfunkverträge und die Anzahl der Mobiltelefone mit Altgeräten liegt noch weit über. [Bitk09] In der Regel läuft ein Mobilfunkvertrag nach zwei Jahren ab. Bei einer Verlängerung des Vertrages oder auch bei einem Wechsel des Anbieters bietet eine Mehrzahl der Anbieter die Möglichkeit an, ein neues Mobiltelefon zu bekommen. Daraus resultiert, „dass ein Mobiltelefon heute nicht länger als zwei Jahre genutzt" wird. [Bitk09] Mit einem neuen Mobiltelefon bekommt man automatisch ein neues Ladegerät. Wenn man aber noch die Anzahl von Ladegeräten für Digitalkameras, MP3-Player und weiteren kleinen Geräten dazu zählt, ergibt sich eine große Menge. EPA(amerikanische Umweltbehörde) geht davon aus, „dass durchschnittlich fünf bis zehn externe Netzteile oder Batterieladegeräte pro Haushalt verwendet werden."[Bitkom09] Die Kombinierung der Ladegeräte stellt mit Sicherheit eine materialeffiziente Lösung dar. So kann beispielsweise die Lebensdauer von Ladegeräten erhöht werden, wenn ein Ladegerät für mehrere IT-Endgeräte benutzt wird. Des Weiteren braucht man nicht für jedes neue Mobiltelefon ein neues Ladegerät. Wenn man dadurch eine Reduzierung der Ladegeräte von 50 Prozent erreichen, könnte, wäre dies mit enormen Materialeinsparungen verbunden. Um dies zu erreichen, ist eine Standardisierung in der IT-Branche nötig. Die Umsetzung der Standardisierung ist bei solcher Vielzahl von Anbietern, ohne den gesetzlichen (politischen) Einfluss, nur schwer vorstellbar.

3.3 Weitere Materialeffizienz-Treiber

Im IT-Sektor gibt es schon heute einige freiwillige Initiativen, die das Ziel haben, den Energieverbrauch und die Umwelteigenschaften der Elektrogeräte zu verbessern. Es sind beispielsweise „Der Blauer Engel", „Energy Star" oder „Greenpeace".

3.3.1 Der Blauer Engel

Eine der Richtlinien der Initiative „Der Blauen Engel" schreibt vor, dass die Geräte eine recyclebare Konstruktion haben müssen. Es dürfen aber auch keine gesundheitsschädlichen chemischen Verbindungen oder fortpflanzungsgefährdeten Stoffe bei der Produktion verwendet werden. [Blau] Mit dem Ziel die Materialeffizienz der Elektrogeräte zu erhöhen, schreibt eine weitere Richtlinie vor, dass die Hersteller fünf Jahre nach der Produktion die Ersatzteile für die Geräte bereitstellen müssen. Somit wird auch die Lebensdauer der Elektrogeräte erhöht.

3.3.2 Energy Star

Das Logo der „Energy Star" ist ziemlich bekannt und ist auf vielen Desktops zu sehen. Mit diesem Logo werden die Elektrogeräte ausgezeichnet, die den Stromsparkriterien der amerikanischen Umweltschutzbehörde (EPA Environmental Protection Agency) entsprechen. Die „Energy Star" – Kriterien haben als Ziel, die Energieeffizienz der Arbeitsplatzelektrogeräten zu verbessern. [Energ]

Der größte Nachteil von „Energy Star" ist, dass es keine Prüfung gibt, die feststellen kann ob die Vergabekriterien tatsächlich erfüllt sind. Das „Blauer Engel"- Zeichen wird im Gegensatz zu „Energy Star" nur nach der erfolgreichen Prüfung vergeben.

3.3.3 Greenpeace

Greenpeace hat eine Umwelt-Ranking für die Anbieter der Elektrogeräte eingeführt. Die renommierten Elektronikanbieter werden vierteljährlich nach von Greenpeace festgelegten Kriterien geprüft. So werden beispielsweise der Energieverbrauch, die Verfügbarkeit von Ersatzteilen oder die Recyclingfähigkeiten der Geräte überprüft. Eine weitere Untersuchung wird von Greenpeace im Rahmen der „Searching for Electronics" – Studie betrieben. Die Unternehmen, die unter dem Stichwort „Green IT" werben, wurden aufgefordert die Daten von solchen Geräten wie Laptop, Desktop, Personalcomputer, Mobiltelefon und PDA bei

Greenpeace einzureichen. Nicht alle aufgeforderten Hersteller sind diesem nachgekommen. Daraus lässt sich schließen, dass nicht alles was unter dem Logo „Green IT" geworben wird, wirklich „grün" ist.

Im Allgemeinen lässt sich sagen, dass verschiedene Geräteprüfungen von unabhängigen Testorganisationen dazu beitragen, die Materialeffizienz, Energieeffizienz und Umweltkriterien dieser Geräte zu steigern.

4 Green IT: von der Planung bis zur Entsorgung

„Green IT " ist als der Begleiter des ganzen Produktlebenszyklus zu sehen. Die Abb.1 veranschaulicht graphisch die Phasen, wo „Green IT" eingesetzt werden kann. Im Weiteren werden einige Phasen aus dem Produktlebenszyklus herausgegriffen um die materialeffiziente „Green IT"- Anwendung darzustellen.

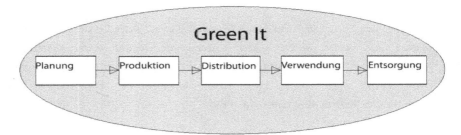

Abb.1: Produktlebenszyklus (Eigene Darstellung, in Anlehnung an [Schn99])

4.1 Planung

Die Planung ist eine wichtige Phase im Produktlebenszyklus. Wenn in der Planungsphase schon einige „Anforderungen an die Konstruktion umweltgerechter und abfallvermeidender Produkte "[Teit02] berücksichtigt werden, wird der Materialeffizienz-Ansatz in allen folgenden Phasen leichter zu verwirklichen sein. Diese Anforderungen können wie folgt dargestellt werden:

„ - Umweltorientierte Werkstoffauswahl

- Ressourcenschonung
- Auswahl recyclingfähiger Werkstoffe

- Geringe Materialvielfalt
- Werkstoffverträglichkeit
- Vermeidung von toxischen Stoffen
- Recyclinggerechte Modifikation von Systemteilen und Werkstoffen
- Einsatz von Recyclaten und nachwachsender Rohstoffe
- Demontagegerechter Produktaufbau."[Bläs98]

Es ist aber auch zu berücksichtigen, dass es mit gewissen Schwierigkeiten verbunden sein kann diese Anforderungen umzusetzen. So eine Schwierigkeit kann zum Beispiel die Materialverfügbarkeit oder der Kostenfaktor darstellen. Die rechtzeitige Planung kann aber, beispielsweise, die Wiederverwendung von Materialien enorm erleichtern.

4.2 Produktion

Auch in der Produktionsphase bietet sich ein breites Einsatzfeld für materialeffiziente und umweltschonende Lösungen an. Als Beispiel kann Fujitsu Siemens an dieser Stelle herangezogen werden, bei welchem bleifreies Leiterplattenmaterial für die Mainboards verwendet wird. Der Anteil der Halogene für Leiterplatten beträgt nur ungefähr 0,15 Prozent und wird unter Stickstoffatmosphäre gelötet. Die Mainboards oxidieren dadurch nicht und müssen deswegen nicht gewaschen werden. Hiermit werden 850000 Liter Wasser pro Jahr eingespart. [FuSi] Eine weitere Lösung, bei der Ressourcen geschont werden, besteht darin, die Produktion von Gehäusen für Personalcomputer, Drucker, Scanner etc. ausschließlich auf recycelten Kunststoff umzustellen.

4.3 Verwendung (Gebrauch)

In der Verwendungsphase ist es wichtig, den Materialstrom zu reduzieren. An einen Drucker fallen das 15- bis 20-fache des Gerätevolumens an. Es sind zum größten Teil die Tonerpatronen. Ein gewöhnlicher Tonerpatron besteht durchschnittlich aus 60 Einzelteilen. Ist der Toner leer, wird die gesamte Patrone entsorgt. Eine materialeffiziente Lösung wurde von Kyocera Mita, einem Druckerhersteller, entwickelt. Die Tonerkatusche von Kyocera Mita besteht aus 4 Komponenten und erfordert nach dem Entleeren nur den Austausch des Toners, anstatt des ganzen Tonerpatrons.[KyoMi]

4.4 Entsorgung

Die Entsorgung ist eine der wichtigsten Phasen im Produktlebenszyklus. Im Rahmen der „Green IT" ist die Entsorgung eng mit dem Recycling verbunden. An dieser Stelle ist die

Begriffsklärung des Recyclings erforderlich. „Recycling ist nach VDI 2234 die erneute Verwendung oder Verwertung von Produkten oder Teilen von Produkten in Form von Kreisläufen."[Behr96] „Die stoffliche Verwertung beinhaltet die Substitution von Rohstoffen durch das Gewinnen von Stoffen aus Abfällen (sekundäre Rohstoffe) oder die Nutzung der stofflichen Eigenschaften der Abfälle für den ursprünglichen Zweck oder für andere Zwecke mit Ausnahme der unmittelbaren Energierückgewinnung. "[KuPaVe98] Bei dem Recycling geht es also um die Wiederverwendung von Materialien. Es geht aber nicht nur um die Wiederverwendung von gebrauchten und verbrauchten Materialien, sondern auch um die Produktionsrückstände. So stellt die Wiederverwendung von Produktionsrückständen auch eine Form des Recyclings dar. Diese Aussage wird in Abb.2 verdeutlicht.

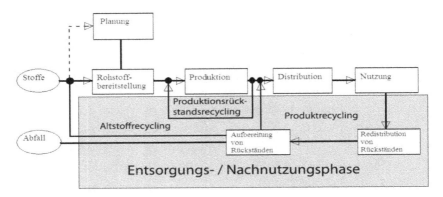

Abb.2: Recycling im Produktlebenszyklus(Eigene Darstellung, in Anlehnung an [Kauf02]). Die umweltgerechte Entsorgung und die Wiederverwendung von eingesetzten Materialien gewinnen in schnell wachsender IT-Branche immer mehr an Bedeutung. Heutzutage lässt sich Hardware zu einem Großteil recyceln. (bis zu 98% [Info08]) Hinzu kommt noch die massenhafte Produktion von Computern, Mobiltelefonen und weiteren Endgeräten der IT-Branche. Alle diese Geräte enthalten seltene Metalle wie Gold, Silber, Palladium. Pro Gerät sind es natürlich sehr geringere Mengen, aber hochgerechnet sind es mehrere Tonnen pro Jahr. Im Jahre 2006 wurden weltweit ca. 1 Milliarde Mobiltelefone verkauft. Somit beliefen sich die Anteile an diesen Metallen auf „250 t. Silber, 24 t. Gold und 9 t. Palladium (Hageluken2008)." [Bitk09] Bei diesen Zahlen ist die Wichtigkeit der Wiederverwendung von eingesetzten Materialien nicht mehr wegzudenken. Eine geeignete Lösung, um die Materialien nicht aus dem Produktlebenszyklus zu verlieren, stellt die Redistribution dar. „Redistribution ist ein Spezialfall der Rückführungslogistik, dabei wird zur Rückführung von Altgeräten dieselbe Kanäle verwendet, die auch für frühere Distribution eingesetzt

wurden."[Mart07] Es werden weit nicht alle Geräte, die die „erste Nutzungsphase"[Kauf02] beendet haben in den Recyclingkreislauf eingeschlossen. „Generell kann angenommen werden, dass der tatsächliche Rücklauf abgebauter Altgeräte zum Produktrecycling umso geringer ist, je

- besser die Märkte für den Handel mit diesen gebrauchten Geräten organisiert sind
- geringer die Innovationsrate und je höher die Standardisierung für diese Produkte ist
- älter die abgebauten Produkte sind. "[Kauf02]

Demzufolge, wenn die Chancen für den Verkauf von gebrauchten Geräten gut stehen, wird erstmal ein Großteil dieser Geräte aus dem Produktlebenszyklus ausgeschlossen. Die Materialeffizienz und die Recyclingquote der Altgeräte kann hier aber gesteigert werden. Die Hersteller können beispielsweise dazu verpflichtet werden, ein Pfand für Neuprodukte einzuführen. So ein Pfand kann zum Beispiel 100 Euro für einen Personalcomputer betragen. Nach der Nutzungsphase kann dieses Gerät dem Hersteller zurückgegeben werden und der Käufer bekommt dieses Pfand zurück. Die Abgabefristen müssen aber so gewählt werden, dass der Käufer dadurch nicht benachteiligt wird.

5   Fazit und Ausblick

In der vorliegenden Arbeit wurden die Nutzen und die Wichtigkeit von „Green IT" für Unternehmen und Verbraucher dargestellt. Abgesehen von Material-, Energie- und Kostenfaktoren bietet „Green IT" viele Möglichkeiten an, unsere Natur zu schonen. Einige oben vorgestellte Lösungsansätze werden schon heute angewendet, aber die meisten sind erst noch in der Planungsphase. „Green IT" ist heute zu einem Trend bei vielen Unternehmen geworden, aber nur bei einigen davon wird etwas zur Umweltschonung verwirklicht. Auch auf der politischen Ebene ist es bewusst, dass die Zeit angekommen ist, etwas für die Umwelt tun zu müssen. So haben sich heutzutage viele Konferenzen „Green IT" zum Thema gemacht. Es nützt alles aber noch lange nicht, bis die Pläne vom Papier zu der Realisierung kommen.

Die Nutzungchancen werden in der Zukunft voraussichtlich von Unternehmen noch stärker in Anspruch genommen. Ohne Zweifel werden mit der Zeit weitere Nutzungsmöglichkeiten des „Green IT" -Ansatzes entdeckt, aber die Entwicklung in diesem Bereich muss schneller vorangetrieben werden.

6 Literaturverzeichnis

Bücher:

[BaSchü06]

Barth, Thomas/ Schüll, Anke (Hrsg.): Grid Computing 2006, Wiesbaden, S.1. Grid Computing - Überblick (von Uwe Harms).

[Behr96]

Behrendt, Siegfried/ Köplin, David/ Kreiblich, Rolf/ Rogal, Holger/ Seidemann, Thomas: Umweltgerechte Produktgestaltung, 1996, Berlin – Heidelberg - New York, S.1-20; 39-61.

[Bläs98]

Bläsing, Jurgen P.(Hrsg.): Nachhaltige Produkt- und Prozessentwicklung, 1998, Ulm, S. 71-113. Beitrag von Behrendt, Siegfried: Prinzipien und Handlungsfelder zur umweltgerechten Produktgestaltung komplexer Produkte.

[Dyck94]

Dyckhoff, Harald: Betriebliche Produktion – 2. Auflage, 1994, Berlin S. 90-97.

[GadMa04]

Gadatsch, Andreas/ Mayer, Elmar: Masterkurs IT-Controlling – 3.Auflage, 2006, Wiesbaden S.524.

[Fisch08]

Fischer, Markus: Ubuntu GNU/Linux – das umfassende Handbuch, 2008, Bonn, S. 65.

[Kauf02]

Kaufmann, Guido: Möglichkeiten und Grenzen des Produktrecycling, 2002, Hamburg, S. 128-203.

[KuPaVe98]

Kunig, Philip/ Paetow, Stefan/ Versteyl, Ludger A.: Kreislaufwirtschafts- und Abfallgesetz, 1998, München, § 4 KrW-/AbfG.

[Mart07]

Martens, Heiko: Planung und Steuerung von Produktion und Recycling in kreislaufwirtschaftlich ausgeprägten Unternehmensnetzwerken, 2007, Hamburg, S.1-34.

[Sch99]

Schneider, Bernd: Recycling – Informationssysteme, 1999, Wiesbaden, S.17-34.

[Teit02]

    Teitscheid, Petra: Nachhaltige Produkt- und Dienstleistungsstrategien in der Informationsgesellschaft, 2002 ,Berlin, S.85-102.

[Wend04]

    Wendler, Tilo: Modellierung und Bewertung von IT Kosten, 2004, Wiesbaden, S.5-14.

Internet:

[Bitk09]

    www.**bitkom**.org/files/documents/P-Fichter-Beucker-et-al-Green_IT_zukuenfige_Herausforderungen_und_Chancen-2009.**pdf**

    Abruf am 2009-05-19

[Bitk09a]

    http://www.bitkom.org/de/themen_gremien/51049.aspx   Abruf am 2009-05-19

[Blau]

    http://www.blauer-engel.de

    Abruf am 2009-05-19

[Daxt]

    http://www.daxten.com/de/download/CS_Daxten_Amadeus_kl.pdf

    Abruf am 2009-05-19

[Energ]

    http://www.eu-energystar.org/de/index.html Abruf am 2009-05-19

    Abruf am 2009-05-19

[FuSi]

    http://de.ts.fujitsu.com/produkt/deskbound/personal_computers/ergonomics.html

    Abruf am 2009-04-28

[Ibm07]

    http://www-05.ibm.com/de/pressroom/presseinfos/2007/08/01_2.html

    Abruf am 2009-05-19

[Info08] http://www.informationweek.de/services/showArticle.jhtml?articleID=208808634

    Abruf am 2009-05-19

[Heis07]

http://www.heise.de/tp/r4/artikel/26/26615/1.html   Abruf   am   2009-05-19

Abruf am   2009-05-19

[KyoMi]

www.kyoceramita.de/index/wir_ueber_uns/umwelt/ECOsys.html

Abruf am 2009-05-19

[Sdc07]

http://www.searchdatacenter.de/themenbereiche/physikalisches-umfeld/klimatisierung/articles/67094/

Abruf am 2009-05-19

[Tns08]

http://www.tns-infratest.com/presse/pdf/Zukunftsfaehigkeit_der_dt_IKT.PDF

Abruf am 2009-05-19